佇起頭有道

Tī khí-thâu ū Tō

(台語版)

目 錄

路加福音 1:26-33

26. 天使加百列奉上帝所差到加利利一個城名叫拿撒勒，

27. 就近一個在室女，是已經配定著互大衛家的一人，名叫約瑟。
此個在室女名叫馬利亞；

28. 天使入去，對伊講：「得著大恩的人啊，平安，主及你佇
爹！」

29. 馬利亞不止印愕伊的話，想此個請安是甚麼意思。

30. 天使給伊講：「馬利亞啊，莫得驚！因為你得著上帝的恩典。

31. 今你欲懷孕生子，著給伊號名叫耶穌。

32. 伊欲做大，稱做至高者的子；主上帝欲用伊的祖大衛的位互
伊。

33. 伊欲做王佇雅各的家，到代代；伊的國也無窮盡。」

Lō͘-ka 1:26-33

26. Thiⁿ-sài Ka-pek-lia̍t hōng Siōng-tè só͘ chhe kàu Ka-lī-lī chi̍t ê siâⁿ, miâ kiò Ná-sat-le̍k,

27. chiū-kūn chi̍t ê chāi-sek-lú, sī í-keng phòe tiāⁿ-tio̍h hō͘ Tāi-pit ke ê chi̍t lâng, miâ kiò Iok-sek; chi̍t ê chāi-sek-lú miâ kiò Má-lī-a.

28. Thiⁿ-sài jip-khì tùi i kóng, Tit-tio̍h tōa un ê lâng ah, pêng-an; Chú kap lí tī-teh.

29. Má-lī-a put-chí gông-ngia̍h i ê ōe, siūⁿ chi̍t ê chhéng-an sī sím-mi̍h ì-sù.

30. Thiⁿ-sài kā i kóng, Má-lī-a ah, bo̍h-tit kiaⁿ, in-ūi lí tit-tio̍h Siōng-tè ê un-tián.

31. Taⁿ lí beh hôai-īn siⁿ kiáⁿ, tio̍h kā I hō͘ miâ kiò Iâ-so͘.

32. I beh chòe tōa, chheng chòe Chì-kôaiⁿ-ê ê Kiáⁿ; Chú Siōng-tè beh ēng I ê chó͘ Tāi-pit ê ūi hō͘ I.

33. I beh chòe ông tī Ngá-kok ê ke kàu tāi-tāi, I ê kok iā bô kiông-chīn.

伊欲做大

I beh chòe tōa

Lō·ka 1:28,31,32

Bôh Khé-lîng

6

伊欲做大

I beh chòe tōa

Boh Khé-lîng

Lō·-ka 1:28,31,32

伊欲做大
I beh chòe tōa

Boh Khé-lîng

Viola

Lō͘-ka 1:28,31,32

伊欲做大
I beh chòe tōa

Boh Khé-lîng

得著大 恩的人 馬利亞, 得著大 恩的人
Tit tiòh tōa un ê lâng Má lī a Tit tiòh tōa un ê lâng

馬利 亞, 今妳欲 懷孕生 子, 著給伊 號名叫 耶
Má lī a Taⁿ lí beh hôai īn siⁿ kiáⁿ tiòh kā I hō miâ kiò Iâ

穌, 著給伊 號名叫 耶 穌。 得著大 恩的人 馬利
so͘ tiòh kā I hō miâ kiò Iâ so͘ Tit tiòh tōa un ê lâng Má lī

亞, 得著大 恩的人 馬利亞, 今妳欲 懷孕生
a Tit tiòh tōa un ê lâng Má lī a Taⁿ lí beh hôai īn siⁿ

子, 著給伊 號名叫 耶 穌, 著給伊 號名叫 耶 穌。
kiáⁿ tiòh kā I hō miâ kiò Iâ so͘ tiòh kā I hō miâ kiò Iâ so͘

伊欲做大
I beh chòe tōa

Bơh Khé-lîng

得著大 恩的人 馬利亞, 得著大
Tit tioh tōa un ê lâng Má lī a Tit tioh tōa

恩的人 馬利亞, 今妳欲 懷孕生 子, 著給伊
un ê lâng Má lī a Taⁿ lí beh hôai īn siⁿ kiáⁿ tioh kā I

號名叫 耶穌, 著給伊 號名叫 耶 穌。 得著大
hō miâ kiò Iâ so· tioh kā I hō miâ kiò Iâ so· Tit tioh tōa

恩的人 馬利亞, 得著大 恩的人 馬利亞, 今妳欲
un ê lâng Má lī a Tit tioh tōa un ê lâng Má lī a Taⁿ lí beh

懷孕生 子, 著給伊 號名叫 耶 穌, 著給伊
hôai īn siⁿ kiáⁿ tioh kā I hō miâ kiò Iâ so· tioh kā I

伊欲做大
I beh chòe tōa

Boh Khé-lîng

得 著 大 恩 的 人 馬 利 亞, 得 著 大
Tit tioh tōa un ê lâng Má lī a Tit tioh tōa

恩 的 人 馬 利 亞, 今 妳 欲 懷 孕 生 子, 著 給 伊
un ê lâng Má lī a Taⁿ lí beh hôai īn siⁿ kiáⁿ tioh kā I

號 名 叫 耶 穌, 著 給 伊 號 名 叫 耶 穌。 得 著 大
hō miâ kiò Iâ so͘ tioh kā I hō miâ kiò Iâ so͘ Tit tioh tōa

恩 的 人 馬 利 亞, 得 著 大 恩 的 人 馬 利 亞, 今 妳 欲
un ê lâng Má lī a Tit tioh tōa un ê lâng Má lī a Taⁿ lí beh

懷 孕 生 子, 著 給 伊 號 名 叫 耶 穌, 著 給 伊
hôai īn siⁿ kiáⁿ tioh kā I hō miâ kiò Iâ so͘ tioh kā I

路加福音 2:1-7

1. 當彼時，該撒亞古士督有出詔，命令天下攏造家甲。

2. 這頭一擺的家甲，是居里扭做敘利亞總督的時來做的。

3. 眾人去造家甲，逐人倒去本城。

4. 約瑟的世系屬佇大衛的家，所以對加利利的拿撒勒城上去猶太，到大衛的城，名叫伯利恆的，

5. 欲及伊所聘定的馬利亞相及造家甲。彼時馬利亞已經有娠孕。

6. In 佇遐的時生產的期到，

7. 就生頭上子，用布包伊，互伊睏佇槽裡，因為客館無所在通容允 In。

Lō͘-ka 2:1-7

1. Tng hit sî Kai-sat A-kó͘-sū-tok ū chhut chiàu, bēng-lēng thiⁿ-ē lóng chō ke-kah.

2. Che thâu chit pái ê ke-kah sī Ku-lí-liú chòe Sū-lī-a chóng-tok ê sî lâi chòe ê.

3. Chèng lâng khì chō ke-kah, ta̍k lâng tò-khì pún siâⁿ.

4. Iok-sek ê sè-hē sio̍k tī Tāi-pit ê ke, só͘-í tùi Ka-lī-lī ê Ná-sat-le̍k siâⁿ chiūⁿ-khì Iû-thài, kàu Tāi-pit ê siâⁿ, miâ kiò Pek-lī-hêng ê, beh kap i só͘ phèng-tiāⁿ ê Má-lī-a saⁿ-kap chō ke-kah;

5. hit sî Má-lī-a í-keng ū sin-īn.

6. In tī hia ê sî seng-sán ê kî kàu.

7. Chiū siⁿ thâu-chiūⁿ kiáⁿ, ēng pò͘ pau I, hō͘ I khùn tī chô-nih; in-ūi kheh-kóan bô só͘-chāi thang iông-ún in.

耶穌基督的出世

Iâ-so͘ Ki-tok ê chhut-sì

Bí-ka 5:2
Lō-ka 2:6-7

Boh Khé-lîng

伯 利 恆 以 法 他 啊! 佇 猶 大 中 做 微
Pek lī hêng Í hoat tha ah tī Iû tāi tiong chòe bî

細 者, 有 一 位 對 你 遐 出 來, 佇 以 色 列 中 間
sòe ê ū chi̍t ê tùi lí hia chhut lâi tī Í sek lia̍t tiong kan

28

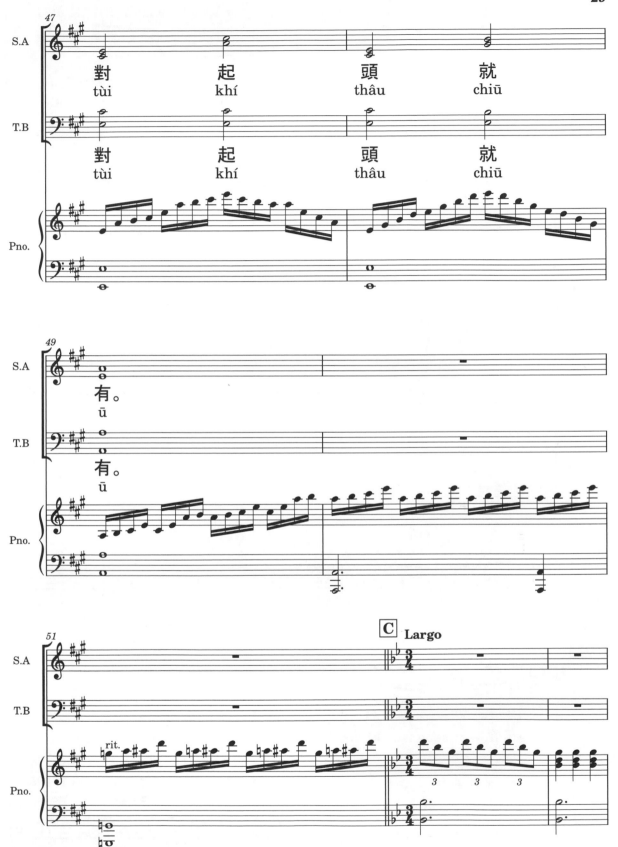

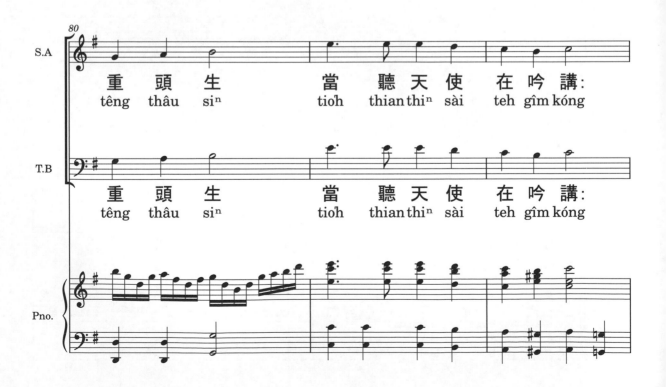

路加福音 2:8-11,14

8. 彼地方有顧羊的住佇山裡，暝時守更顧 In 的羊群。

9. 主的天使徛佇 In 的身邊，主的榮光圍繞照 In；顧羊的大驚。

10. 天使給 In 講：「莫得驚！因為我報恁大歡喜的好消息，互百姓攏有份；

11. 因為今仔日佇大衛的城，已經為著恁生一個拯救者，就是主基督。

14. 佇極高的位榮光歸佇上帝！地上和平佇伊所歡喜的人的中間！

Lō͘-ka 2:8-11,14

8. Hit tōe-hng ū kò͘-iûⁿ ê tòa tī soaⁿ-nih, mî-sî chiú-kiⁿ kò͘ in ê iûⁿ-kûn.

9. Chú ê thiⁿ-sài khiā tī in ê sin-piⁿ, Chú ê êng-kng ûi-lûi chiò in; kò͘-iûⁿ ê tōa kiaⁿ.

10. Thiⁿ-sài kā in kóng, Bȯh-tit kiaⁿ; in-ūi góa pò lín tōa hoaⁿ-hí ê hó siau-sit, hō͘ peh-sìⁿ lóng ū hūn;

11. in-ūi kin-á-jit tī Tāi-pit ê siâⁿ í-keng ūi-tiȯh lín siⁿ chit ê Chín-kiù-ê, chiū-sī Chú Ki-tok.

14. Tī kȯk kôaiⁿ ê ūi êng-kng kui tī Siōng-tè, Tōe-chiūⁿ hô-pêng tī I só͘ hoaⁿ-hí ê lâng ê tiong-kan.

大歡喜的好消息

Tōa hoaⁿ-hí ê hó siau-sit

Lō·ka 2:10,14

Boh Khé-lîng

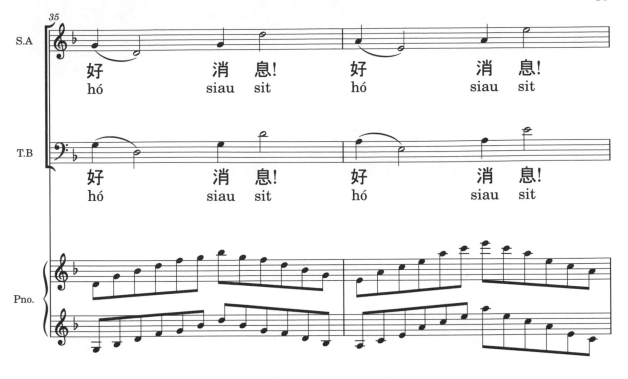

互　百姓攏　有　份。
hō͘　peh sìⁿ lóng　ū　hūn

互　百姓攏　有　份。
hō͘　peh sìⁿ lóng　ū　hūn

42

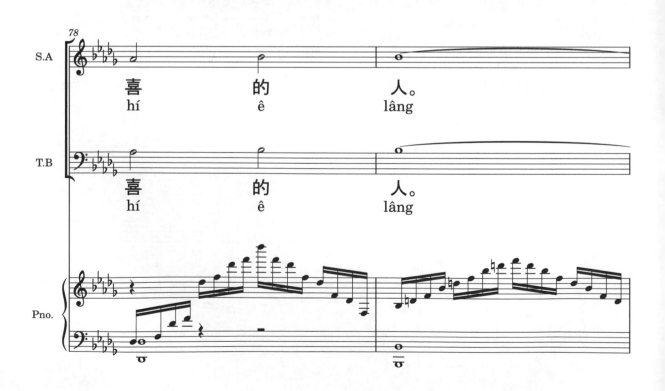

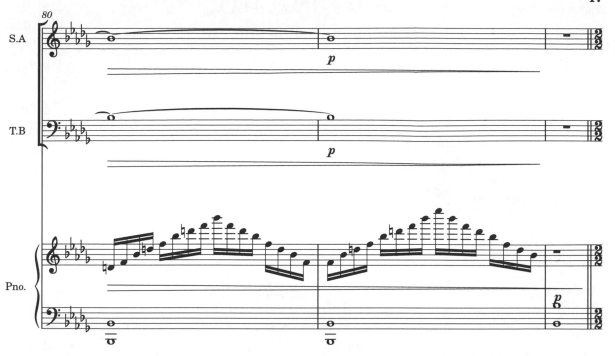

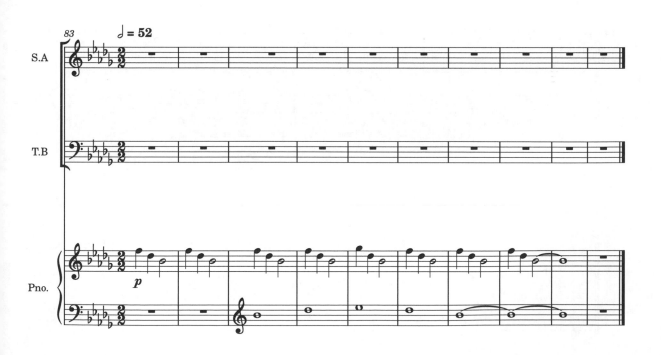

大歡喜的好消息

Tōa hoaⁿ-hí ê hó siau-sit

Bôh Khé-lîng

♩ = 52 | A ♩. = 50

S.A

f

大　歡喜!　好　消息!
tōa　hoaⁿ hí　hó　siau sit

T.B

Violin 1

f

mf

S.A

好　消息!　互　百姓　攏　有　份,　互　百姓　攏　有　份。　大　歡喜!
hó　siau sit　hō· peh sìⁿ lóng　ū　hūn　hō· peh sìⁿ lóng　ū　hūn　tōa　hoaⁿ hí

T.B

大　歡喜!
tōa　hoaⁿ hí

Vln.1

S.A

好　消息!　好　消息!　互　百姓　攏　有　份,　互　百姓　攏　有　份。
hó　siau sit　hó　siau sit　hō· peh sìⁿ lóng　ū　hūn　hō· peh sìⁿ lóng　ū　hūn

T.B

好　消息!　好　消息!　互　百姓　攏　有　份,　互　百姓　攏　有　份。
hó　siau sit　hó　siau sit　hō· peh sìⁿ lóng　ū　hūn　hō· peh sìⁿ lóng　ū　hūn

Vln.1

f

B ♩ = 100

S.A

mf

佇　極　高　的　位　榮　光　歸佇　上　帝,
Tī　kek kôaiⁿ ê　ūi　êng kng kui tī　Siōng tè

T.B

Vln.1

大歡喜的好消息

Tōa hoaⁿ-hí ê hó siau-sit

Bo̍h Khé-lîng

大歡喜的好消息

Tōa hoaⁿ-hí ê hó siau-sit

Lō͘-ka 2:10,14

Boh Khé-lîng

大歡喜的好消息

Tōa hoaⁿ-hí ê hó siau-sit

Lō͘-ka 2:10,14

Boh Khé-lîng

大歡喜的好消息

Tōa hoaⁿ-hí ê hó siau-sit

Lō͘-ka 2:10,14

Boh Khé-lîng

路加福音 2:25-32

25. 抵當佇耶路撒冷有一人，名叫西面；此人義閣敬虔，平時欣慕
    彼個安慰以色列的，聖神 tiàm 佇伊。

26. 伊曾得著聖神指示，知伊猶未死欲代先看見主的基督。

27. 伊互聖神感動，就入殿，抵仔耶穌的父母抱嬰仔入來，欲給伊
    照律法的例來行。

28. 彼時西面用手接嬰仔，謳咾上帝講：

29. 主啊！今照你的話，teh 解放你的奴僕安然過世；

30. 因為我的目睭已經看見你的拯救--

31. 就是你所備辦佇萬百姓的面前的：

32. 做光來照外邦，閣做你以色列百姓的榮光。

Lō·-ka 2:25-32

25. Tú-tn̄g tī Iâ-lō·-sat-léng ū chit lâng, miâ kiò Se-biān; chit lâng gī koh
    kèng-khiân, pêng-sî him-bō· hit ê an-ùi Í-sek-liat ê; Sèng Sîn tiàm tī
    i.

26. I bat tit-tiòh Sèng Sîn chí-sī, chai i iáu-bē sí beh tāi-seng khòaⁿ-kìⁿ
    Chú ê Ki-tok.

27. I hō· Sèng Sîn kám-tōng chiū jip tiān; tú-á Iâ-so· ê pē-bú phō eⁿ-á jip-
    lâi, beh kā I chiàu lùt-hoat ê lē lâi kiâⁿ,

28. hit sî Se-biān ēng chhiú chih eⁿ-á, o-ló Siōng-tè kóng,

29. Chú ah, taⁿ chiàu lí ê ōe teh tháu-pàng lí ê lô·-pòk An-jiân kè-sì.

30. In-ūi góa ê bak-chiu í-keng khòaⁿ-kìⁿ lí ê chín-kiù,

31. Chiū-sī lí só· pī-pān tī bān peh-sìⁿ ê bīn-chêng ê,

32. Chòe kng lâi chiò gōa-pang, Koh chòe lí Í-sek-liat peh-sìⁿ ê êng-kng.

佇起頭有道
Tī khí-thâu ū Tō

Iok-hān 1:1-4

Bôh Khé-lîng

佇 起 頭 有 道， 道 及 上 帝 相 及 佇 嗲，
Tī khí thâu ū Tō Tō kap Siōng tè saⁿ-kap tī teh

佇 起 頭 有
Tī khí thâu ū

道 就 是 上 帝， 道 就 是 上 帝。
Tō chiū sī Siōng tè Tō chiū sī Siōng tè

道， 道 及 上 帝 相 及 佇 嗲， 道 就 是 上 帝，
Tō Tō kap Siōng tè saⁿ-kap tī teh Tō chiū sī Siōng tè

64

66

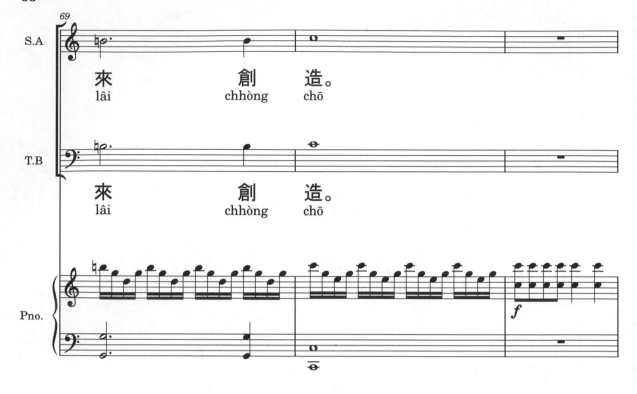

70

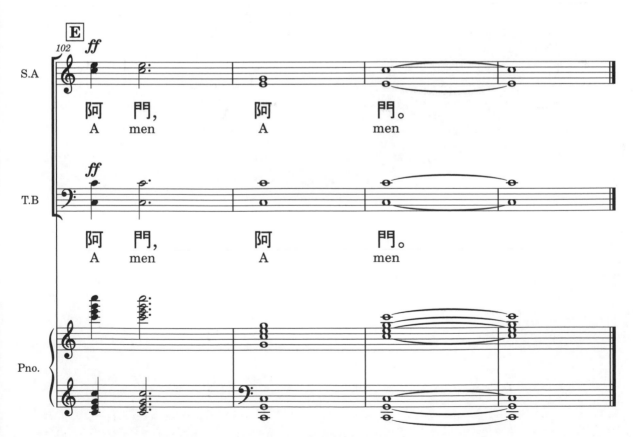

佇起頭有道
Tī khí-thâu ū Tō

Violin 1

Iok-hān 1:1-4

Bôh Khé-lîng

Violin 2

Iok-hān 1:1-4

佇起頭有道
Tī khí-thâu ū Tō

Bôh Khé-lîng

佇起頭有道
Tī khí-thâu ū Tō

Viola

Iok-hān 1:1-4

Bôh Khé-lîng

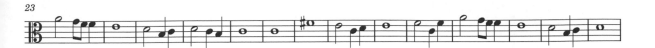

佇起頭有道
Tī khí-thâu ū Tō

Iok-hān 1:1-4

Boh Khé-lîng

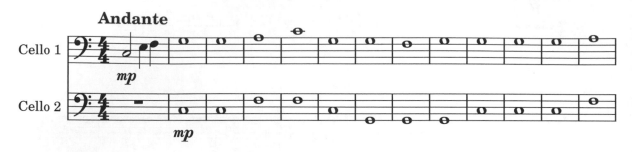

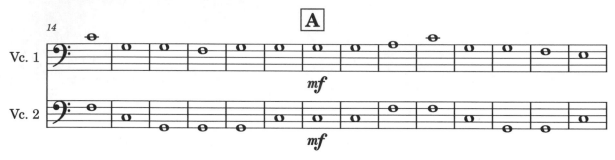

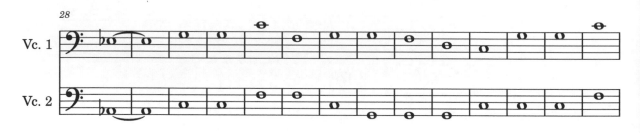

耶穌基督的出世
會眾一起齊唱同敬拜

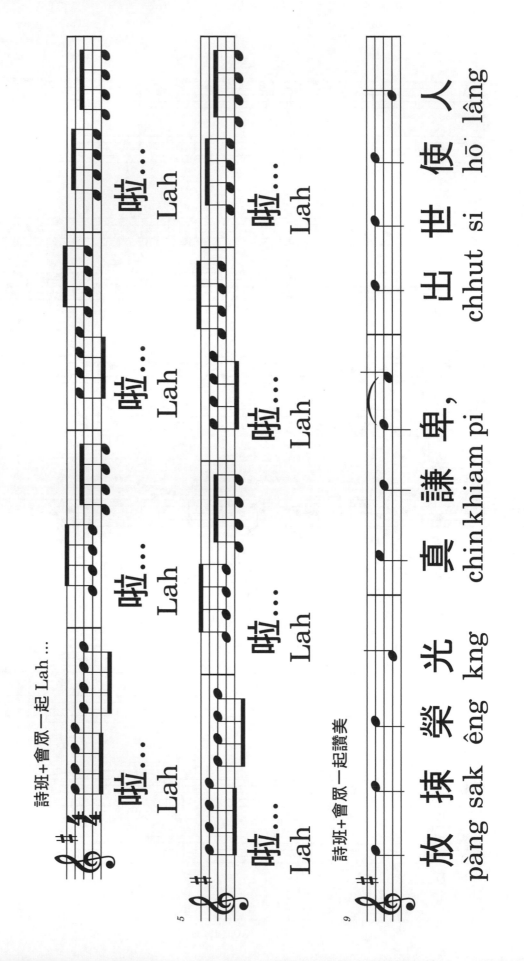

詩班+會眾一起 Lah…

啦… 啦… 啦… 啦…
Lah Lah Lah Lah

啦… 啦… 啦… 啦…
Lah Lah Lah Lah

詩班+會眾一起讚美

放 揀 榮 光 真 謙 卑, 出 世 使 人
pàng sak êng kng chin khiam pi chhut sì hō͘ lâng

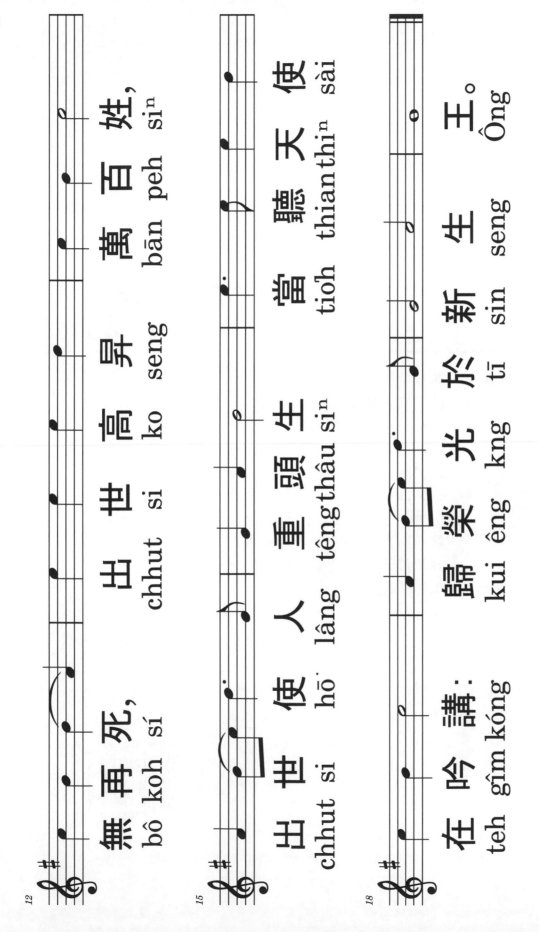

佇起頭有道 Tī khí thâu ū Tō

出版者	啟菲國際股份有限公司
	桃園市中壢區 320044 溪州二街 19 巷 2 號 1 樓
	電話：+886-3-4511468
	KICKOff Inc.
	1F, No.2, Ln.19, Xizhou 2nd St., Zhongli Dist.,
	Taoyuan City, 320044, Taiwan
	Email: kickoff.int@gmail.com
書名	佇起頭有道 Tī khí thâu ū Tō
類別	台語詩歌
作曲者	Bȯh Khé-lîng
編曲者	Bȯh Khé-lîng
版權所有	啟菲國際股份有限公司 KICKOff Inc.

初版	主後 2022 年 10 月

ISBN 978-626-96693-0-1

9 786269 669301